AF279329

Javier López Cazalla

APULEYO EDICIONES   FOMENTO DE VALORES   CUENTOS ILUSTRADOS

Bailando con las flores

APULEYO EDICIONES   FOMENTO DE VALORES   CUENTOS ILUSTRADOS

INTRODUCCIÒN

La poesía es muy divertida y se pueden aprender muchas cosas haciendo rimas. Este libro es para que los niños puedan aprender a través de la poesía y se lo pasen, a la vez, muy bien. Es el mejor regalo para una gran infancia.

PERDIDO ENTRE LAS FLORES

Una cotorrita vuela
por el fresco campo verde
que entre las flores se cuela
y entre las flores se pierde.

Un saltamontito salta
por el campo floreado
y como está la siembra alta
entre flores se ha extraviado.

Una liebrecita corre
por el campo florecido
y sin senda que se borre
entre flores se ha perdido.

Pues crecen las florecitas
y no paran de crecer
y las pobres ardillitas
no se paran de perder.

LA ADIVINANZA DEL CARACOL

Tiene cuernos, sin ser toro
y tiene varios anillos,
que sin ser monedas de oro,
son marrones o amarillos.

Tiene cara de verdura,
le gusta salir al sol
y su pequeña estatura
es inferior a la col.

Vive en un caparazón
pero no es una tortuga,
le gusta comer melón
y hojas frescas de lechuga.

Vive en la tierra o en el mar
y con lentitud avanza.
A ver si puedes lograr
acertar la adivinanza.

¡VIVA EL COLE!

Me gusta ir al colegio para leer,
me gusta ir al colegio para estudiar,
me gusta ir al colegio para aprender,
me gusta ir al colegio para jugar.

Me gusta ir al colegio con mis amigos,
jugar con ellos y con mis profesores,
colocar en el perchero los abrigos
y aprender los números y los colores.

El colegio es mi gran sitio preferido
donde todo es diversión y aprendizaje,
allí tenemos todo bien recogido
y a los muñecos les cambiamos de traje.

En el colegio no paro de reír,
y cuando no estamos dibujando, canto
porque me divierto aprendiendo a escribir.
Y es por eso que el cole me gusta tanto.

A B C D E F G
1ER

ME GUSTAN LOS COLORES

A mí me gusta el rojo,
dijo el anciano piojo.

Pues a mí el amarillo,
confesó un cervatillo.

Yo prefiero el morado,
contestó el leopardo.

A mí me gusta el rosa,
dijo la mariposa.

A mí el color marrón,
dijo el camaleón.

Y a mí el color violeta,
respondió una mofeta.

Y a ti, niño querido,
¿cuál es tu preferido?

LAS CUATRO ESTACIONES

Hay flores en la pradera,
eso es porque es primavera.

Tiene calor el gusano,
eso es porque ya es verano.

No tiene hojas el madroño,
eso es porque ya es otoño.

Hace frío en mi cuaderno,
eso es porque ya es invierno.

Y estas son, y no os engaño,
las estaciones del año.

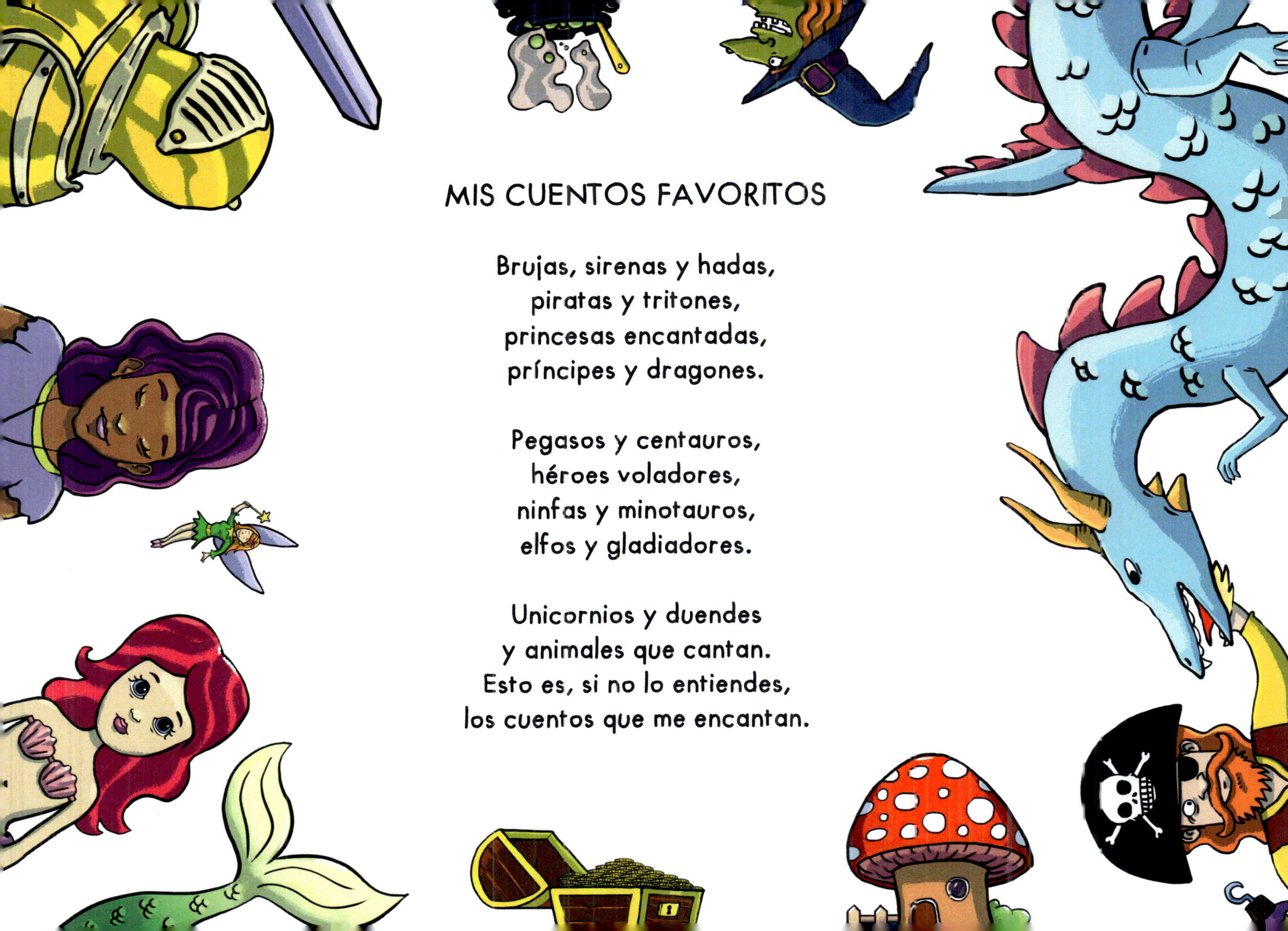

MIS CUENTOS FAVORITOS

Brujas, sirenas y hadas,
piratas y tritones,
princesas encantadas,
príncipes y dragones.

Pegasos y centauros,
héroes voladores,
ninfas y minotauros,
elfos y gladiadores.

Unicornios y duendes
y animales que cantan.
Esto es, si no lo entiendes,
los cuentos que me encantan.

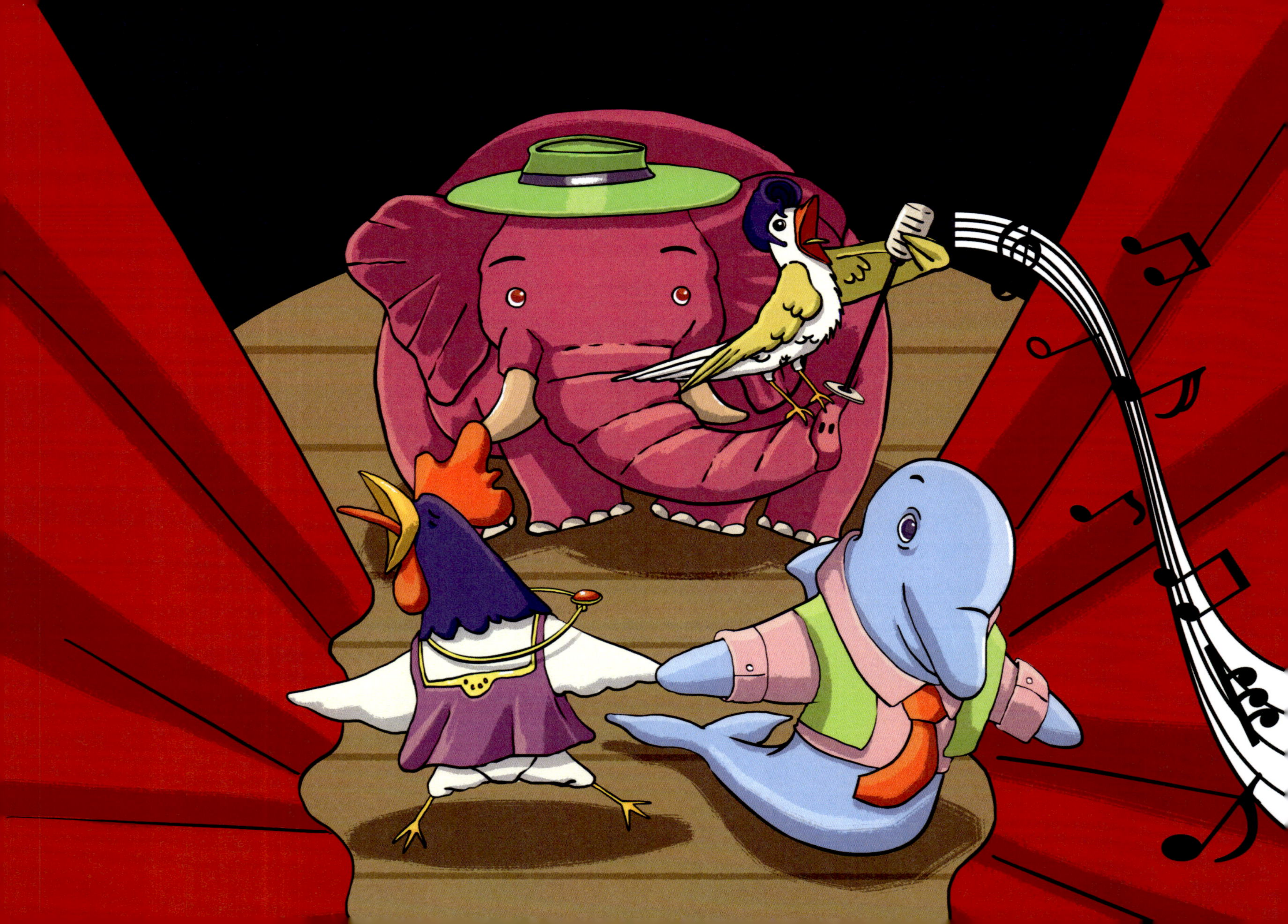

BAILANDO Y CANTANDO

La gallina Serafina
es muy buena bailarina,
pero el delfín Serafín
también es buen bailarín.

El ruiseñor Tenedor
es el mejor cantador,
pero el elefante Dante
también es muy buen cantante.

EL COLUMPIO DE COBALTO

Colúmpiame, querido viento,
hasta poder tocar el cielo,
hasta llegar al firmamento
y poder besar a mi abuelo.

Colúmpiame, pequeña estrella
hasta donde la luna sube,
que a mi abuelo encontraré en ella
para abrazarlo en cada nube.

Y así, la niñita lloraba
por alcanzar el infinito,
sin saber que la columpiaba
su queridísimo abuelito.

MIS AMIGOS LOS NÙMEROS

Primero va el uno,
pues como él ninguno.

Luego viene el dos,
que le da la tos.

Después viene el tres,
con todo al revés.

Luego sigue el cuatro,
haciendo un teatro.

Y prosigue el cinco,
que entra con un brinco

Luego viene el seis,
al que nunca veis.

Y detrás el siete,
comiendo un filete.

Después llega el ocho,
con un gran bizcocho.

Luego viene el nueve,
cubierto de nieve.

Y termina el diez,
partiendo una nuez.

LAS VOCES DE LOS ANIMALES

El perro hace guau,
la vaca hace muu,
el gato hace miau
y el lobo hace auú.

El grillo hace cricrí,
el pez hace glup glup,
el gallo hace ququiriquí
y el búho hace huu huu.

El cerdo hace oink,
el pato hace cua
y los besos que te doy,
siempre hacen muag.

DIVERSIÓN EN EL COLEGIO

La nube juega con el caballo,
la luz juega con la mariposa,
la alegría juega con el gallo
y el conejo juega con la rosa.

La nieve juega con el león,
la perla juega con la lechuga,
la voz juega con el escorpión
y el aire juega con la tortuga.

Las estrellas juegan con la luna,
el corazón juega con el pato,
el zorro juega con la aceituna
y el azúcar juega con el gato.

La amapola juega con el mar
y la piedra juega con los higos,
pues lo más importante es jugar
y ser todos muy buenos amigos.

PAPÀ NOS BESA Y MAMÀ NOS ABRAZA

De color verde es la aceituna
y de amarillo el girasol,
por la noche sale la luna
y por el día sale el sol.

Son para el pintor los pinceles
y para el cuello los collares,
son dulces todos los pasteles
y salados todos los mares.

Hace mucho frío en invierno
y mucho calor en verano,
los toros pintan con el cuerno
y las personas con la mano.

Con nuestra boca sonreímos
y con nuestros ojos lloramos;
y con la luna nos dormimos
y con el sol nos despertamos.

EL ESCONDITE EN LA SELVA

En la selva se reúnen todos los animales
para jugar al escondite
pero el elefante, como es tan grande,
no tiene ningún sitio para esconderse.

Todos se esconden en cuevas,
plantas, árboles, lagos y arbustos, e, incluso,
alguno se esconde detrás del elefante,
pero el pobre elefante no puede cubrirse
con nada.

Podría ocultarse detrás de una montaña
pero tardaría mucho en llegar
y los demás animales le encontrarían
antes de que se pudiera ocultar.

Entonces, un día, los pájaros de la selva,
que veían al elefante muy triste,
le cogieron entre todos
y lo subieron a una nube.

Allí nadie le veía,
era el escondrijo perfecto,
y así fue como el elefante,
por fin, ganó al juego del escondite.

EL CARACOL CANTARÍN

Do, re, mi, fa, sol,
canta un caracol.

Mi, fa, sol, la, si,
canta porque sí.

Si, la, sol, fa, mi,
él me canta a mí.

Sol, fa, mi, re, do,
cantó y lo bordó.

Sol, re, la, do, fa,
canta en el sofá.

Y: fa, mi, re, la,
cantó en Alcalá.

DO

RECOGER LA HABITACIÒN

Hay que recoger la habitación;
todos los muñecos al cubito,
los calcetines a su cajón
y las piezas van a su arconcito.

Los lapiceros a los estuches,
los papeles a la papelera,
las piruletas van con las chuches
y los libros a la cajonera.

Y antes de que cuentes hasta tres
habrá quedado todo ordenado
y no te clavarás en los pies
los juguetes con los que has jugado.

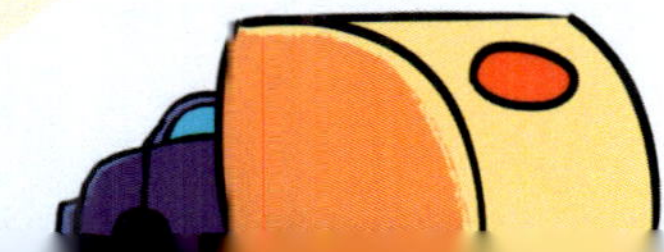

EL JUEGO DEL PILLA PILLA

Corre, corre, que te alcanzo,
que si te paras, avanzo.

Corre, corre, que te cojo
y si te agarro, te mojo.

Corre, corre, que te pillo
y te doy con un cepillo.

Corre, corre, que te pesco,
que todavía ando fresco.

Corre, corre, que te atrapo
y te convierto en un sapo.

Corre, corre, que te cazo;
ya casi te cojo el brazo.

PEQUEÑO POETA

Es divertidísimo rimar
y hacer poesía sin parar.

Es divertidísimo escribir
y no parar nunca de reír.

Por eso, mi ilusión y mi meta
es llegar a ser un gran poeta.

Bailando con las flores

APULEYO EDICIONES   FOMENTO DE VALORES   CUENTOS ILUSTRADOS

Javier López Cazalla

APULEYO EDICIONES   FOMENTO DE VALORES   CUENTOS ILUSTRADOS